HOLOCAUSTO

Das origens do povo judeu ao genocídio nazista

CIP-BRASIL. CATALOGAÇÃO NA FONTE
SINDICATO NACIONAL DOS EDITORES DE LIVROS, RJ

S361h   Schilling, Voltaire
            Holocausto: das origens do povo judeu ao genocídio nazista / Voltaire Schilling. – 3. ed. – Porto Alegre, RS : AGE, 2025.
            94 p. ; 14x21 cm.

            ISBN 978-85-8343-201-2
            ISBN E-BOOK 978-85-8343-176-3

            1. Judeus – Alemanha – História – 1933-1939. 2. Holocausto judeu (1933-1939) – Alemanha. 3. Alemanha – Política e governo – 1933-1939. I. Título.

    15-26513   CDD: 940.5318
                          CDU: 94(100)'1939-1945'

VOLTAIRE SCHILLING

HOLOCAUSTO

Das origens do povo judeu ao genocídio nazista

3.ª edição

PORTO ALEGRE, 2025

© Votaire Schilling, 2016

Capa:
Nathalia Real

Diagramação:
Nathalia Real

Supervisão editorial:
Paulo Flávio Ledur

Editoração eletrônica:
Ledur Serviços Editoriais Ltda.

Reservados todos os direitos de publicação à
LEDUR SERVIÇOS EDITORIAIS LTDA.
editoraage@editoraage.com.br
Rua Valparaíso, 285 – Bairro Jardim Botânico
90690-300 – Porto Alegre, RS, Brasil
Fone: (51) 3223-9385 | Whats: (51) 99151-0311
vendas@editoraage.com.br
www.editoraage.com.br

Impresso no Brasil / Printed in Brazil

Dedico este ensaio à Libia Gorelik, minha companheira, primeira leitora e principal revisora deste livro. Com meus eternos agradecimentos.

O autor

Sumário

Introdução 9

I – Origens milenares do povo judeu 13
A antiga terra de Israel 14
Vicissitudes do povo eleito 14
Da Arca da Aliança ao Templo de Salomão 16
A monarquia hebraica 17
O Templo de Salomão 18
Dois reinos 19
Resistência e rebelião 20
Quadro das divisões entre os hebreus 21
A destruição do Templo de Jerusalém 22
A derrota e a diáspora 23

II – Judeus e cristãos na época medieval 27
Convivendo com muçulmanos e cristãos 28
Diáspora 29
As sanções antijudaicas 29
A política da separação 31
Primeiros pogroms 32
A política das expulsões 34
A Inquisição 36
A polícia da consciência 38

III – O Iluminismo, a Revolução de 1789 e os judeus 41
Judeus na França 42
A Haskalá, o Iluminismo judaico 43
A exortação do *abbé* Gregoire 44
Napoleão, protetor dos judeus 46

IV – O caso Dreyfus e o sionismo 49
A condenação apressada................................. 50
O escândalo 50
Duas raças morais 51
A Liga dos Direitos do Homem 52
J'accuse! Eu acuso! 53
O Manifesto dos Intelectuais........................... 55
O fim do caso 56
Os intelectuais.. 56
Projeção 57
O antissemitismo e o sionismo 58
Os protocolos 59

**V – O holocausto e as origens do moderno
antissemitismo** 61
O pensamento racista europeu........................ 61
A eugenia 62
Nacionalismo e antissemitismo....................... 63
O antissemitismo biológico 64
A política antissemita do Nazismo.................. 66
Os judeus na República de Weimar 67
Holocausto: executores 69
Avoluma-se a tragédia..................................... 71
O confinamento... 72
O extermínio.. 74
A Conferência de Wansee 76
A geografia do extermínio 77
A liquidação dos deficientes............................ 78
O macabro ritual do genocídio 79
A solução pelo gás 80
Os campos de extermínio 82
As marchas da morte....................................... 85
Etapas da "solução final" 87
Extermínio dos prisioneiros judeus 89
Dados... 90

Conclusões 92

Bibliografia 93

Introdução

Em seguida à vitória dos princípios gerais de tolerância do Iluminismo, consagrados pela Revolução Francesa, de 1789, e pelo Código Napoleônico, de 1804, ninguém poderia imaginar em sã consciência a possibilidade da sua reversão.

Ao contrário, acreditava-se que, conforme o ideal do Progresso forjado pelos pensadores iluministas cumprisse sua marcha ascendente, simultâneo ao aperfeiçoamento ético da humanidade, preconceitos milenares como o do antijudaísmo gradativamente entrariam em declínio, parecendo ao cidadão contemporâneo ocidental um resquício da era dos bárbaros.

Naqueles tempos associou-se o preconceito contra o judeu como resultante fundamentalmente da doutrina cristã, visto que os antigos hebreus haviam rejeitado Jesus Cristo como messias, colaborando com a sua crucificação.

Com o avanço da sociedade secular, paralelo à laicização do estado moderno, imaginou-se então que aquelas crendices, como tantas outras fantasmagorias medievais, desapareceriam na poeira da história.

Infelizmente os que assim pensavam estavam enganados. O declínio do espírito religioso, constante ao longo do século XIX e do XX, foi preenchido por uma nova e perigosa ideologia resultante do encontro do Nacionalismo com o Racismo do homem branco europeu.

A partir da segunda metade do século XIX deu-se então uma transmutação, fruto, por igual, do avanço das ciências positivas. O antiquíssimo antijudaísmo de origem religiosa (judeus odiados por desprezarem ou traírem Cristo) deu lugar ao moderno antissemitismo (o judeu como uma ameaça à pátria e, simultaneamente, à raça ariana).

Essa alteração radical revelou-se ainda mais mortífera para os judeus, visto que antes, quando acusados pelos líderes cristãos de serem portadores de uma crença considerada maligna, ainda podiam escapar com vida por meio da conversão ao cristianismo (como ocorreu em diversos episódios da história europeia).

Quando, todavia, os compararam a bacilos e a vírus perigosos que punham em risco a segurança da nação ou a saudabilidade da raça branca, abriram-se as portas para a pavorosa política do seu extermínio em massa, pois é impossível acreditar-se na regeneração de uma bactéria nociva.

Por igual, colaborou para o grande massacre da população judaica europeia, perpetrado pelos nazistas entre 1941 e 1945, a eclosão da Revolução Bolchevique de 1917, pois, desde os tempos do domínio czarista na Rússia, organizações de extrema direita, como a Centúria Negra, apontavam a estreita ligação dos judeus com causa socialista ou comunista.

A fobia anticomunista que varreu a Europa Ocidental nos anos do após Primeira Guerra Mundial, incorporada pelos movimentos fascista e nazista, deu-se paralelamente ao ressurgimento do ódio ao judeu.

Deduziram que o perigo do marxismo (doutrina judaica para eles, e base ideológica da Revolução Bolchevique) só poderia ser exorcizado pela segregação e liquidação da comunidade judaica, dando-se então, nos começos dos anos 40, com a Segunda Guerra Mundial em andamento, a intensa mobilização de vingança da extrema direita europeia.

Desse modo, pelo empenho de Adolf Hitler, o Racismo e o Anticomunismo deram-se as mãos para executarem o Holocausto, tornando-o um dos maiores crimes da História e uma mancha irremovível na crônica da humanidade recente.

I – Origens milenares do povo judeu

Um célebre estadista do passado disse certa vez que o destino de um povo ou de uma nação está determinado pela sua geografia. Nada melhor do que isso se aplica aos antigos hebreus, originalmente um povo de nômades semitas que habitavam uma estreita e conflagradíssima faixa de terra do Oriente Médio de menos de 30 mil km².

"Moisés e Aarão diante do faraó"
(tela de Mestre de Dinteville, 1537)

A antiga terra de Israel

Espalhados pelo vale do rio Jordão (que flui do mar da Galileia em direção ao mar Morto), ao Oeste deles encontrava-se o mar Mediterrâneo, ao Leste deparavam-se com as beiradas do deserto da Arábia, ao Sul com o deserto da Judeia e com a península do Sinai, sendo que somente ao seu Norte, nas proximidades da fronteira com a Fenícia, o Líbano de hoje, as terras eram mais bem abastecidas de água.

Essa estreita faixa de terra (424 x 115 km), ainda que sem importância econômica, subdividida nas regiões da Galileia, da Samaria, da Judeia e da Indumeia, tinha valor estratégico, visto que ligava as áreas dos seus poderosos vizinhos, que geralmente estavam em conflito.

De um lado, situava-se o reino dos faraós do Egito e do outro o dos déspotas da Assíria e da Babilônia. Isso fez com que fosse difícil para os hebreus manterem sua autonomia e liberdade. Daí a crença num messias, um salvador, vindo dos céus para resgatar o povo dos seus padecimentos.

Vicissitudes do povo eleito

Não sem razão, minoritários frente às potências da época, eles que se consideravam eleitos (ou *Kadosh*) terminaram por ser escravos tanto dos egípcios como dos babilônios. Quem os salvou da primeira servidão, a do Egito no tempo do faraó Seth, que se estendera por 400 anos, foi Moisés ("saído das águas") que provavelmente viveu no século XII aC.

O grande guia e profeta do povo hebreu, depois de uma milagrosa travessia do mar Vermelho, durante o êxodo, conduziu os refugiados pelas escaldantes areias do deserto do Sinai, alimentando-os com maná, lhes deixou como legado a magnífica constituição moral que são as Tábuas da Lei ou Decálogo, os Dez Mandamentos, inspirados diretamente por Jeová quando o líder estava recolhido ao sopé do monte Sinai (ou Horebe).

Nessa verdadeira constituição religiosa que modelava o comportamento dos fiéis em seus mínimos detalhes, Jeová exigia o compromisso de ser o único deus a ser cultuado pelos hebreus, reafirmando assim a característica marcadamente monoteísta que eles haviam herdado do patriarca Abraão (pai ou líder de muitos) e que os distinguia dos demais habitantes da região, inclinados ao politeísmo.

Eu sou eterno, teu Deus...não terás outros deuses..., assim teria se expressado Jeová ao seu povo.

Situação que se confirmou depois de Moisés ter determinado a destruição do Bezerro de Ouro que um grupo de ímpios queria cultuar quando ele estava ausente, recebendo os preceitos de Jeová. Para sedimentar-lhes a fé, Moisés ainda teria redigido a Torá, os cinco primeiros livros da Bíblia, também chamados de Pentateuco, que narra a história dos hebreus desde os primeiros tempos, concluindo com exortações do profeta.

Da Arca da Aliança ao Templo de Salomão

Guardadas na Arca da Aliança, as Tábuas da Lei irão consolidar a identidade comum das doze tribos de Israel (derivadas dos filhos de Jacó, netos de Abraão: *Rúben, Simeão, Levi, Judá, Zebulom, Issacar, Dã, Gade, Aser, Naftali, Benjamim, Manassés e Efraim*). Moisés, todavia, não chegou a levar o Povo Eleito para Canaã, a Terra Prometida, cabendo esse papel ao seu sucessor, o aguerrido Josué, provavelmente a partir de 1220 aC.

Somente tempos depois, provavelmente a começar pelo ano de 950 aC, conseguiram erguer um templo em Jerusalém para dar um abrigo definitivo às tábuas sagradas, que até então repousavam no Tabernáculo, fato que determina o abandono definitivo dos hebreus da vida nômade, trocada pela civilização sedentária.

Para se livrarem da outra servidão, que os manteve no Cativeiro da Babilônia por 60 anos, tiveram que contar com a boa vontade do rei persa Ciro II, que, pelo Decreto de Ciro, firmado provavelmente em 538 aC, logo que conquistara a Babilônia, determinou o retorno deles a Jerusalém. Inclusive com autorização para reerguerem, sob mando de Zoroabel e sob supervisão do profeta Josué, o Templo de Salomão (que passou a ser chamado de o Segundo Templo, que durou de 515 aC a 70 dC), e que havia sido destruído pelo rei babilônico Nabucodonosor, em 586 aC.

A monarquia hebraica

A história da região mostra acima de tudo que a constituição de um estado hebreu que pudesse dar proteção aos seus só foi possível quando os reinos vizinhos deles estavam enfraquecidos.

Uma dessas ocasiões ocorreu no século XI aC, pela altura do ano 1030 aC, quando, as tribos do Povo Eleito, sentindo-se seriamente ameaçadas pelos Povos do Mar (filisteus), que dominavam a margem mediterrânea da Palestina e tinham armas de ferro, decidiram mudar o seu estatuto político.

Até aquele momento – isto é, entre 1200 a 1050 aC – ainda que se organizassem numa liga tribal, também denominada de Liga Anfitriônica, cada uma delas ainda vivia em separado; eram autônomas. Todavia, sua concepção política era teocrática; quem governava o povo das tribos era Jeová.

Quem as orientava era um conselho de anciãos dirigido comumente por um juiz. Pois foi a um desses juízes, de nome Samuel, que foi solicitado providenciasse a liturgia necessária e os óleos para sagrar um rei, um *melek*, um rei dos judeus que tivesse autoridade reconhecida sobre as doze tribos, fato que representou a humanização do poder político, passando este de Jeová para o monarca.

O eleito foi então Saul, da tribo de Benjamin, tornando-se o primeiro soberano da história hebraica e comandante das forças convocadas para a defesa, um *nãgid*, reinando provavelmente entre os anos 1030 e 1010.

A formação desse estado, ainda que embrionário, somente foi possível devido ao enfraquecimento do Império Egípcio, corroído por conflitos internos da Vigésima Dinastia.

O Templo de Salomão

Numa das raras ocasiões em que a Palestina estava em paz foi que o rei Salomão, filho do lendário rei Davi (o pastor que derrotara o gigante filisteu armado apenas com uma funda de pedras, e que sucedeu a Saul no trono), pôde então lançar-se na construção de um templo (*beit hamiqdash*) na capital do reino, edifício magnífico que, por séculos, serviu como identidade máxima da nação hebraica e o símbolo maior da proteção lançada por Jeová ao seu povo.

Templo de Salomão (reconstituição)

Abrigava não somente a Arca Sagrada, como também era o local de reunião do Grande Sinédrio, a assembleia dos 23 juízes hebreus, presidida por um chefe ou príncipe (*Nasi*), um sumo-sacerdote (*Cohen Gadol*), um *Av Beit Din* (o segundo membro em importância) e outros 69 integrantes, que se sentavam em semicírculo.

Antes da destruição de Jerusalém em 70 dC, o Grande Sinédrio reunia-se no Templo durante o dia, exceto antes dos festivais e do Sábado.

Os materiais aplicados foram essencialmente a pedra e a madeira. O assoalho foi revestido com madeira de junípero (ou de cipreste) e as paredes interiores eram de cedro entalhado com gravuras de querubins, palmeiras e flores. Os interiores eram inteiramente revestidos de ouro. Após a inauguração do templo, que mobilizou mais de cem mil operários, a Arca da Aliança foi depositada no Santo dos Santos, a sala mais reservada do edifício.

Dois reinos

Todavia, os herdeiros do poderoso Salomão, morto em 931 aC, não conseguiram manter a unidade do trono. Dividiram-se então em duas entidades: ao Norte, com Jerobão, estabeleceu-se o reino de Israel, e ao Sul, com Roboão, o reino de Judá. Essa partilha irá facilitar, primeiro, a conquista da região pelo rei macedônico Alexandre, o Grande, e seus sucessores, os Ptolomeus e os Selêucidas, entre 333 e 165 aC, para depois vir a cair sob o domínio dos romanos, durante a campanha dirigida pelo general Pompeu, a partir de 63 aC.

Num primeiro momento, os romanos aceitaram a presença de reinos hebreus colaboracionistas, como foi o caso do rei Herodes Magno, sendo que somente mais tarde transformaram a região na província da Judeia.

Resistência e rebelião

A crônica de infelicidades dos hebreus, sempre ameaçados pelos vizinhos ou invasores (por egípcios, hititas, filisteus, assírios, babilônios, gregos, romanos, etc.), era psicologicamente atenuada pela fervorosa crença na vinda de um messias, de um salvador que os resgatasse definitivamente dos sofrimentos padecidos.

As rebeliões que episodicamente ocorriam contra os ocupantes e profanadores do templo ou da Terra Santa quase invariavelmente eram promovidas por hebreus inconformados que se consideravam comissionados por Jeová para tanto, acreditando-se ser o messias com a tarefa de expulsar os estrangeiros.

Quem geralmente conduzia a insurreição eram os integrantes da seita chamada dos zelotes, *kanai* em hebraico, nacionalistas hebreus de formação religiosa ultraortodoxa que, ciumentos de Deus, não aceitavam pactuar com o domínio romano, como era o caso dos saduceus, a elite sacerdotal, e dos fariseus, elementos das classes médias acomodadas, havendo ainda os essênios (seita igualmente ortodoxa que se retirou pacificamente para o deserto, em protesto contra a ocupação).

Uma das mais famosas comunidades dos essênios foi a de Quram, na qual, dentro de cavernas, em 1947, foram encontrados os Manuscritos do Mar Morto, que, segundo os especialistas, continham princípios de pureza espiritual e ritual de batismo que seriam posteriormente adotados pelos cristãos.

Quadro das divisões entre os hebreus

Saduceus	Fariseus	Essênios	Zelotes
Grupo sacerdotal e aristocrático, devido ao seu poder político, fizeram aliança com os romanos.	Grupo de judeus devotos à Torá, apelidado de "os separados", surgidos no século II aC. Opositores dos saduceus, criam uma lei oral, em conjunto com a lei escrita, e foram os criadores da instituição da sinagoga.	Grupo pacifista que era hostil à ocupação romana, decidindo-se pela vida "pura", longe das concentrações urbanas da Palestina. Teria sido o precursor do cristianismo.	Patriotas judeus exaltados que pregavam a resistência armada à ocupação romana.

Durante o domínio dos Césares, duas dessas revoltas merecem menção pelos efeitos catastróficos que geraram para os hebreus, todas contra o Império Romano: a primeira delas foi a da Judeia, liderada por João de Gischala e Simon bar Giora, que eclodiu no ano de 66 dC e se estendeu até 73 dC; a segunda foi a revolta de Bar Kochba ("O Filho da Estrela"), ocorrida nos anos de 132-135 dC.

A destruição do Templo de Jerusalém

Os romanos, sentindo-se desafiados na sua autoridade, agiram com excessivo rigor. No ano de 70, o general Tito Flávio, filho do imperador Vespasiano, determinou em represália ao levante a total destruição do Templo de Jerusalém (ele havia sido restaurado pelo rei Herodes, um aliado dos romanos), promovida entre os dias 29 e 30 de julho do ano 70.

Em Roma, posteriormente, no ano de 106 dC, o general mereceu ter o seu feito celebrado numa coluna, a Coluna de Tito, na qual é reproduzida em alto-relevo a chegada à capital do império do espólio de guerra trazido por ele. Entre as imagens encontra-se o famoso candelabro de ouro dos hebreus, que ocupava uma posição central no Tempo de Jerusalém.

Na derradeira tentativa de manter um resto de liberdade, deu-se o famoso episódio da fortaleza de Massada, local próximo ao mar Morto, na qual se refugiaram os últimos combatentes zelotes com suas famílias, e que se tornou um épico da resistência aos romanos.

Cercados pelo general Flávio Silva, com poderosas legiões e ameaçados de serem reduzidos à escravidão, os últimos defensores se decidiram por um martírio coletivo. Chefiados por Eleazar ben Yair, quase mil zelotes que se abrigavam por detrás das muralhas, e, vendo-se perdidos, mataram suas famílias e tiraram suas vidas com espadas.

> Os detalhes da primeira guerra foram registrados por Flávio Josefo, o mais famoso historiador judeu-romano da antiguidade, na sua obra *A Guerra dos Judeus*. Dividia-se em sete livros e circulou a partir do ano de 75 dC, no tempo de Vespasiano. Ela serve também como amplo panorama da situação da região ao redor do século I aC.
>
> Josefo, um aristocrata judeu que se chamava Yosef ben Matityah (37-100 dC), que aderira aos romanos depois da derrota, acusa os rebeldes hebreus de extremismo e de intolerância e fanatismo religioso. A sua intenção era dissuadir seus conterrâneos de qualquer tentativa de se opor ao domínio de Roma. Sua obra, diga-se, não faz nenhuma menção à existência de Jesus Cristo.

A derrota e a diáspora

A última das rebeliões, eclodida 60 anos depois da tragédia de Massada, foi a de Bar Kochba, sufocada em 135 dC cujo fracasso redundou na dispersão de grande parte do povo hebreu, a chamada diáspora, *tefutzah* ou *galut'* (exílio). Ela eclodira como reação ao projeto do imperador Adriano de helenizar Jerusalém e de lançar ali as bases de um santuário dedicado a Júpiter Capitolino, o que veio a ferir os brios dos zelotes. Terminou sendo esmagada pelo general Sexto Severo quando cercou e liquidou com os seguidores de Bar Kochba em Betar, perto da capital, matando e dispersando no final do conflito mais de 580 mil hebreus.

Os sobreviventes, vendo Jerusalém transformada pelo imperador Adriano num acampamento das legiões romanas, sentindo-se abandonados por Jeová, decidiram-se pelo desterro.

Duas ondas imigratórias então se formaram a partir da Palestina, aquela que se dirigiu à Europa, a dos asquenazis, e a outra que perambulou pelo norte da África, alcançando depois a Península Ibérica, a dos sefarditas.

Cumpria-se assim uma das maldições lançadas sobre eles de estarem condenados "a vagarem pelo mundo" como judeus errantes.[1]

> *Nota*: A narrativa acima resultou de uma síntese dos livros do Antigo Testamento que continua sendo o melhor e mais autorizado testemunho da história dos hebreus, especialmente do Pentateuco (*Gênesis, Êxodo, Levítico, Números e Deuteronômio*) e os onze Livros Históricos (*Josué, Juízes, I Samuel, II Samuel, I Reis, II Reis, I Crônicas, II Crônicas, Esdras, Neemias e Ester*). Para tanto consultamos a *Bíblia de Jerusalém*, das Edições Paulinas, de 1987.

---

[1] O "Judeu Errante" é uma personagem mítica da oralidade dos primórdios do cristianismo. Dizia a lenda que Ahsverus era um judeu sapateiro em Jerusalém que trabalhava numa oficina localizada em uma rua onde os condenados à morte eram forçados a passar carregando a cruz. Na Sexta-Feira da Paixão, Jesus Cristo, arrastando-se por aquela viela carregando a sua cruz, foi importunado com ironias pelo sapateiro Ahsverus. Jesus, então, o teria amaldiçoado, condenando-o a vagar pelo mundo sem nunca morrer, até a sua volta, no fim dos tempos.

Bibliografia

Como obras complementares, são importantes:

Barnavi, Eli (dir.). *Historia Universal dos Judeus. Da Gênese ao fim do século XX*. Belém-São Paulo: Editora Cejup, 1995.

Bright, John. *História de Israel*. São Paulo: Edições Paulinas, 1985.

Josefo, Flávio. *A Guerra dos Judeus. História da guerra entre judeus e romanos*. São Paulo: Edições Silabo, 2007.

Wurdbrand, Max e Roth, Cecil. *El Pueblo Judío. Cuatro mil años de historia*. Tel-Aviv: Editorial Aurora. 1987.

II – Judeus e cristãos na época medieval

Tornado povo errante desde que começara a diáspora no século II, os judeus tiveram que habituar-se a viver como minoria no seio de sociedades estranhas e hostis a eles.

Um auto de fé na Espanha (tela de Berruguete).

Convivendo com muçulmanos e cristãos

Quando, a partir do século VII dC, a maré muçulmana cobriu o norte da África e, em seguida, espalhou-se para a Península Ibérica, os islamitas autorizaram que os judeus que lá viviam mantivessem sua fé desde que pagassem aos califas o *dhimmi*, ou *jizya*, um imposto obrigatório para quem não seguisse a religião do profeta Maomé.

O problema maior do convívio dos judeus com os gentios deu-se com os cristãos europeus, pois a nova fé que tomara conta do Império Romano decadente, e que depois converteu os bárbaros germanos recém-chegados, os odiava por terem repudiado Jesus Cristo.

Não só isso, um dos seus discípulos mais próximos, Judas, traíra o Messias, entregando-o aos romanos por 30 dinheiros. Agravava-se assim a imagem do judeu como alguém passível de traição, gente não merecedora de nenhuma confiança e que por um punhado de ouro ou prata punha em perigo quem o acolhia e dava abrigo. Ou como deles disse um Papa: "É o rato no bolso, a serpente em torno da cintura".

Diáspora
(Êxodo dos judeus de Israel)

Sefarditas	Asquenazis
Norte da África, Itália, Espanha e Portugal (depois para Holanda). Convívio com muçulmanos, católicos e calvinistas.	Alemanha, Polônia, Estados Bálticos, Ucrânia e Rússia. Convívio com luteranos, católicos e cristãos ortodoxos.

As sanções antijudaicas

Esse arraigado preconceito de origem religiosa fez com que diversas sanções e regulamentos fossem impostos ao então dito "povo da nação" ao longo da Idade Média. Não podiam ser proprietários de terras, lhes era vedado andar a cavalo ou assumir funções públicas. Casar com cristãos foi-lhes expressamente proibido em quase todos os reinos europeus.

Em algumas cidades, para evitar uma aproximação com os gentios, obedientes ao quarto Concílio de Latrão, de 1215, exigiram que eles andassem nas ruas com uma rodela amarela (cor da traição) ou com o símbolo da estrela de Davi fixada no braço ou na lapela dos casacos, e, por vezes, com chapéus cônicos. Tornaram-nos os párias do medievo europeu, em "intocáveis".

Houve naqueles tempos uma intensa diabolização deles e um aumento significativo da crença de uma conspiração semita visando à "ruína do cristianismo".

Qualquer boato passou a ser uma ameaça à vida e aos bens dos judeus. Isso explica o fato de muitos deles aceitarem o batismo cristão, quando se acirrava a política das conversões forçadas.

Exatamente por serem considerados indignos é que lhes permitiram dedicar-se à prática dos negócios, especialmente do empréstimo a juros (a usura) e dos penhores, atividades proibidas aos cristãos.

Mas essa sempre foi função exercida por uma minoria.

Tirando-se os "judeus da corte" e os arrecadadores de impostos, a larga maioria dos assentamentos e dos lugarejos judaicos era composta por pequenos profissionais muito pobres (alfaiates, ferreiros, sapateiros, marceneiros, ourives, vendedores ambulantes, etc.).

Sendo que alguns mais dotados exerciam a medicina (os médicos judeus, como o filósofo Maimônides, foram famosos na Idade Média) ou tornavam-se rabinos, guias espirituais da comunidade.

O ódio que a plebe cristã lhes reservava vinha do fato de serem eles os únicos emprestadores de dinheiro aos quais podiam recorrer, em troca de um penhor, num tempo em que os poucos bancos que atuavam estavam reservados aos ricos e aos reis.

A política da separação

Estavam, pois, por força das leis cristãs, obrigados a viver apartados da comunidade.

Como assegurou Maria J. Ferrero Tavares:

Por razões de segurança e de vida coletiva, as comunidades judaicas localizaram-se sempre nos centros urbanos, independentemente de uma ou outra família poder residir nas zonas rurais. A comuna, cujo centro era a sinagoga, erguia-se no espaço municipal e tinha a sua existência conferida pela concessão de uma carta de privilégios, onde se encontravam nomeados todos os seus usos, costumes e liberdades. A permissão para abrir ou construir uma sinagoga era dada a um mínimo de dez famílias, residentes numa localidade, pelo rei, com o beneplácito do bispo, uma vez que a religião mosaica era tolerada na cristandade, com o objetivo de os seus crentes poderem vir a converter-se ao cristianismo (Linhas de Força da História dos Judeus em Portugal: das origens à atualidade).

Na Ibéria, desde 1412, seus aglomerados eram denominados de *Juderías*, na Alemanha de *Judenhof* ou *Judenviertel* e na Itália de *Ghetto*.

Todavia, o rancor antijudaico somente adquiriu foros marcadamente violentos a partir das Cruzadas contra os infiéis (a primeira começou em 1096; a segunda em 1147; e a terceira em 1189).

Naquela oportunidade, o Papa Urbano II fez uma conclamação em Clermont-Ferrant para que os cavaleiros cristãos marchassem unidos para a Terra Santa a fim de libertá-la da presença profanadora dos turcos seldjúcidas, convertidos recentes à fé de Maomé. "Deus quer!", dissera o Papa. Uma onda de fervor religioso e febre fanática então tomou conta da cristandade.

A sensação que atingiu a maioria dos cristãos que aderiram à Guerra Santa proposta pela Igreja Católica foi de que não poderiam partir para rincões distantes deixando a retaguarda à mercê dos pérfidos judeus.

No exterior o inimigo era o Islamismo, no fronte interno era o Judaísmo. Foi então que uma onda de horror atingiu os pequenos conglomerados judaicos espalhados pela Europa Ocidental.

Primeiros pogroms

No fatídico verão de 1096, seus bairros viram-se atacados por turbas de desordeiros e pilhadores, quando não os próprios cavaleiros cruzados, antes de marcharem para os Santos Lugares, desejavam "experimentar suas espadas" nas costas dos judeus.

O historiador Steve Runciman observou que *para um fidalgo saía custoso equipar-se para a Cruzada; se não tinha terras nem possessões penhoráveis, via-se forçado a pedir um empréstimo aos judeus. Mas, era justo que ao marchar para lutar pela Cristandade tivesse que cair nas garras dos indivíduos da raça que havia crucificado a Cristo? O cruzado pobre já tinha dívidas com os judeus. Era justo que se visse impedido dos seus deveres como cristão por obrigações contraídas com alguém de raça ímpia?* Para alguns deles os judeus eram ainda piores do que os muçulmanos, a quem iriam dar combate.²

Os destrutivos ataques que começaram a fazer aos bairros judeus foram muitas vezes estimulados pelas crescentes histórias que circulavam dizendo serem eles os promotores de sacrifícios infantis – de martirizarem crianças cristãs na época da Páscoa judaica para usar o sangue dos inocentes como purificação –, ou ainda como profanadores das hóstias.

As perseguições se estenderam da Inglaterra (*Norwich, Londres e Winchester*) para a França (*Rouen, Evreux, Pa-*

---
² Runciman, Steve. *Historia de las Cruzadas*, vol. I, p. 137.

ris, Dampierre e Ramerupt), até atingir o auge na Alemanha (*Colônia, Mogúncia, Trier, Metz, Worms, Speyer, Wursburg, Nuremberg, Rottenburg e Regensburg*).

Na região da Renânia alemã, o conde Emich von Leisingen, um licencioso líder de arruaceiros, ainda que aceitasse "compensações financeiras" para não atacar a comunidade judaica, liderou um massacre em Worms e vários incêndios de sinagogas em Colônia e Mogúncia.

A política das expulsões

A consequência lógica dessa hostilidade geral, de crescente fobia ao judeu, foi a adoção da política de expulsão por parte dos reis europeus. Não que os monarcas ou imperadores assim o desejassem ou que o Papado estimulasse; era o povo miúdo, dopado pelo fanatismo do baixo clero, quem exigia que dessem um fim neles.

Para os interesses maiores do trono era melhor ter por perto gente habilitada a lidar com dinheiro e com empréstimos, visto que os reis sempre estavam carentes de recursos para financiarem suas guerras. Mas o peso da "opinião pública", marcadamente antijudaica – atiçada por monges e padres extremistas –, prevaleceu.

Desse modo, os de fé mosaica foram então banidos da Inglaterra (pelo rei Eduardo II, em 1290), da França (em 1306, por Filipe o Belo), da Espanha (em 1492, pelos reis católicos), e de Portugal (em 1496, por D. Manuel I).

Um tanto antes, em 1237, o Imperador Frederico II Hohenstaufen determinara que a condição deles fosse a de "escravos ou servos do Tesouro Imperial", e, em 1230, São Luís, o rei da França, considerou-os servos do rei e dos senhores feudais ao tempo em que mandara queimar em praça pública exemplares do Talmude em Paris.

Pelo *Estatuto de Toledo*, tido como *Los Estatutos de Limpieza de Sangre*, aparecido em 1449, qualquer função pública estava proibida a eles. Foi o primeiro regimento racista que se conhece no Ocidente, separando os espanhóis em cristãos velhos ("autênticos") e cristãos novos (judeus conversos mantidos sob suspeição), impedindo-os de assumirem funções de conselheiros, alcaides, juízes ou escrivães.

Assim é que o poeta Lope de Vega diz por um dos seus personagens, orgulhoso da sua estirpe:
Yo soy un hombre/aunque de villana casta/limpio de sangre y jamas/ de hebrea o mora manchada (Sou um homem que ainda que de baixa origem não tenho jamais manchado meu sangue por judeu ou mouro) – *Peribañez*.

E, evidentemente, quando se deu o terrível surto pestífero do século XIV, a Peste Negra (1348), que dizimou um quinto da população da Europa Ocidental, os judeus logo foram apontados como os causadores da desgraça, atraindo incontida animosidade dos gentios.

Num outro episódio de pandemia, ocorrido em 1506, dois mil cristãos-novos (judeus convertidos) foram mortos pela populaça de Lisboa, estimulada por padres delirantes que os apontaram como responsáveis pela tragédia.

Muitas das medidas reais de exclusão foram revistas, mas, em geral, a política de perseguição empurrou os judeus em direção ao Leste europeu, fixando-os majoritariamente na Polônia, Ucrânia, Rússia e Moldávia.

A Inquisição

O tribunal do Santo Ofício (tela de Goya).

Durante setecentos anos, de 711 a 1492, a Espanha foi palco de uma intermitente guerra entre os cristãos e os invasores muçulmanos. A partir do século XII, tornou-se, com mais intensidade ainda, uma das fronteiras sangrentas das Cruzadas contra o Islã, sendo que os espanhóis em diversas batalhas contaram com o auxílio de cavaleiros cristãos vindos de outras partes da Europa.

Nesse cenário, os judeus sefarditas, pelo menos entre os séculos XI e XIII, não passaram de todo mal (o período foi apontado como o século de ouro da cultura judaica e da literatura ladina na Espanha), até que os cristãos conseguiram a vitória final com a tomada de Granada, a última cidade muçulmana a cair nas mãos dos reis católicos Fernando e Isabel, em 1492.

Os sinais perigosos de antijudaísmo da parte dos cristãos já haviam sido anunciados um século antes, quando se deram pogroms insuflados pelos padres.

No primeiro dia de Tamuz 5151 do calendário hebraico (4 de junho de 1391), ocorreram tumultos em Sevilha. Os portões da *judería* foram incendiados e muitas pessoas morreram. As sinagogas foram convertidas em igrejas e os bairros judeus preenchidos com colonos cristãos.

Instigados pelo sermonista São Vicente Ferrier, pregador apocalíptico, líder dos "Flagelantes", as desordens ampliaram-se para outros locais da Espanha, como Valência, Madri, Cuenca, Burgos e Córdoba, quando o fogo tomou conta dos templos, das oficinas e das lojas depredadas por turbas católicas enlouquecidas.

Ao propósito da unificação política da Península Ibérica liderada pela Monarquia Católica, associou-se a Igreja Católica, ambos convencidos em pôr fim à diversidade religiosa que até então imperava na Espanha. Quem não aceitasse a fé oficial deveria deixar o reino.

O *Decreto de Alhambra ou Édito de Granada*, assinado pelos Reis Católicos em 31 de março de 1492, colocou os judeus na alternativa da conversão forçada ou do exílio (desde que deixassem seu patrimônio nas mãos do tesouro real). O grão-rabino Isaac Abravanel ainda tentou inutilmente demover suas majestades, mas elas foram pressionadas pelo inquisidor-mor D. Tomás de Torquemada a não voltar atrás. Milhares de judeus escolheram a apostasia para continuar morando em solo onde de há muito viviam, mas um número considerável deles teve que deixar o país para sempre.[3]

A polícia da consciência

Autorizada pelo Papado a funcionar desde 1480, a Inquisição Espanhola (a de Portugal é de 1536) tornou-se uma poderosa máquina de perseguição político-religiosa, projetando uma sombra grotesca e triste sobre a história da Península Ibérica.

Além de ser uma polícia da consciência, o assim designado Tribunal do Santo Ofício foi uma arma eficaz para assegurar o monopólio da fé católica sobre a população em geral e fixar o predomínio dos cristãos velhos "de sangue limpo" sobre todos os demais.

A sua justificativa de ser era a desconfiança. Com tantos judeus (ditos, marranos) e mouros (ditos, mouriscos) forçados a se converterem ao cristianismo, era natural que levantassem suspeitas quanto à sinceridade daquela adesão aos mandamentos de Jesus. Era preciso, pois, vigiá-los para ver se, secretamente, não cometiam crimes "contra a fé".

Uma crescente burocracia, ordenada segundo as *Instruções de Torquemada*, então foi instituída para controlar

---

[3] As provas arqueológicas indicam que a presença judaica na Ibéria remonta ao ano de 482, por conseguinte muitos deles descendiam de famílias que já estavam lá há mil anos.

os passos dos ditos cristãos-novos, isto é, dos conversos. Bastava uma simples denúncia anônima para que os suspeitos se vissem presos às engrenagens do Santo Tribunal. Detidos e encarcerados, os réus eram submetidos à sistemática tortura do potro, da polé ou do garrote, até que algum tipo de confissão lhes fosse arrancada. Por vezes, bastava a simples exposição visual dos instrumentos de tortura – *in conspecta tormentorum* – para que ocorresse a autoincriminação.

Dependendo da magnitude do crime apurado, o suspeito era acusado e após ter sido julgado e seus bens expropriados era submetido a um auto de fé: uma cerimônia pública de expiação.

Conduzido pelas ruas trajando um *sanbenito* com um ridículo chapéu cônico à cabeça, com cartazes infamantes pendurados no peito e nas costas, apupado pela multidão, era levado até uma praça para que todos pudessem assistir aos tormentos que o herege devia obrigatoriamente padecer.

Nos casos mais graves – comprovada a prática de "coisa judaizante" –, era condenado à morte na fogueira, como exemplo de expiação dos seus pecados. Os que por um acaso conseguiam escapar eram executados em efígie, isto é, em imagem.

Entre 1485-1501, em Toledo, 250 foram entregues ao "braço secular", isto é, executados em público e 500 outros em efígie. No mesmo período, em Valência, 643 sucumbiram no patíbulo, enquanto 479 o foram simbolicamente. Até na aprazível ilha de Maiorca 120 foram supliciados até a morte e 107 o foram em efígie (ver Kamen, Henry – *A Inquisição na Espanha*, p. 361).

Nem aqueles que se refugiavam nas colônias dos impérios ibéricos estavam a salvo. A Inquisição, com certa regularidade, enviava Visitadores do Santo Oficio para o Novo Mundo para caçar os fujões, sendo que na cidade de Lima, capital do vice-reino do Peru, o Santo Ofício se estabeleceu em caráter permanente, assim como na cidade do México, cujos tribunal foi inaugurado em 1569, conquanto que um terceiro foi estabelecido em Cartagena das Índias, Colômbia, em 1610.

Poucos anos depois dessa política de extermínio de uma religião, a presença milenar da comunidade dos judeus sefarditas praticamente deixou de existir na Península Ibérica, pondo fim definitivo ao convívio das três raças (a espanhola, a judaica e a moura) e das três religiões (a cristã, a mosaica e a islâmica) que até então a caracterizara.

III – O Iluminismo, a Revolução de 1789 e os judeus

Não deixou de haver um toque de ironia no fato de os judeus conseguirem sua autonomia pelo empenho solitário de um padre católico, o famoso humanista padre Henri Gregório, mais conhecido como L'Abbé Gregoire, originalmente deputado representante do baixo clero de Nancy nos Estados Gerais e na Assembleia Nacional francesa de 1789. Comumente, os integrantes da igreja não devotavam nenhuma simpatia aos seguidores da Torá e quando se aproximavam deles quase sempre era no intento de obter a conversão deles ao cristianismo.

Judeus na França

Quando a Revolução de 1789 eclodiu em Paris o número de judeus franceses andava ao redor de 50 mil, sendo que a maior parte deles, uns 40 mil, estava concentrada nas províncias da Alsácia e da Lorena, fronteira com a Alemanha renana, e outros de origem sefardita que habitavam a região de Avignon, na Provence, no sul da França. Seu estatuto estava regulado pelo Direito à Sorte (*droit l'aubaine*), legislação medieval que previa que seus bens, em caso de morte, eram transferidos para o soberano, que somente abdicava disso por meio de uma taxa de 5% do valor geral do patrimônio.

Foram parar lá depois de uma série de políticas de exclusão e sanções outras adotadas pelos reis franceses desde os tempos de Felipe, o Belo, nos começos do século XIV, banimento reafirmado por Carlos VI em 1394. Essa situação foi agravada pelas perseguições desencadeadas a partir da Peste Negra de 1348, que fizeram com que muitos deles fossem, atravessando a Alemanha, se abrigar nas distantes terras da Polônia.

Com a chegada do Século das Luzes, todavia, as perseguições antijudaicas começaram a se desanuviar. A insistência dos filósofos da ilustração na pregação e no compromisso com a tolerância religiosa – superados os pavores da guerra religiosa entre católicos e protestantes – de algum modo foi estendida ao judaísmo.

Na Alemanha o ponto de partida foi dado pela peça *Nathan o Sábio*, de Gottold Lessing, de 1779, inspirada na admiração do autor pelo filósofo berlinense Moses

Mendelssohn, destacado membro do movimento iluminista judeu, a *Haskalá*.

A Haskalá, o Iluminismo judaico

Mendelssohn defendia o rompimento com a existência isolada que sua gente levava, empenhando-se por uma política de assimilação que fizesse os judeus não somente transporem os muros dos guetos, mas também que derrubassem as invisíveis paredes mentais, ultrarreligiosas e psicológicas que os faziam viver à margem de tudo.

Deviam, isto sim, aproveitando-se do crescente ar de liberdade que começava a ser respirado pela Europa Ocidental, ir abraçar o mundo, adquirindo cada vez mais conhecimentos seculares, deixando de lado o ópio talmúdico.

M. Mendelssohn.

Precisavam, sim, era afastar-se dos falsos messias, do esoterismo da Cabala e da ortodoxia do Hassidismo, que nada mais eram senão que intoxicação mística paralisante, crenças que não lhes permitiam evoluir para patamares modernos e científicos.

Era preciso que, desfeitas as estruturas psicológicas e culturais que mantinham a sua comunidade enclausurada, de povo sitiado, fazer com que seus filhos, libertos das limitações do gueto, ascendessem e prosperassem numa sociedade cada vez mais laicizada que se abria para as ambições burguesas. Essa posição em favor da Renascença Judaica é que vai ser a responsável pela afluência deles nas universidades, nos laboratórios científicos, na imprensa, na literatura e no pensamento europeu no transcorrer dos séculos XIX e XX. Marcou o rompimento definitivo do judaísmo com a vida enclausurada do gueto.

A exortação do *abbé* Gregoire

O interesse do padre Henri Gregoire pela situação dos judeus parece ter aflorado quando ele tomou conhecimento de uma proposição de um concurso promovido em 1787 pela Sociedade de Ciências e Artes de Metz, cidade franco-alemã com forte presença judaica, que instigava os interessados a responderem de que maneira poderia se fazer os judeus mais felizes e úteis à França (*Est-il des moyens de rendre les Juifs plus heureux et plus utiles en France?*).

O texto redigido por ele ao desafio, intitulado *Essai sur la régénération physique, morale et politique des Juifs*, de 1788 – que o classificou entre os escolhidos –, baseou-se em duas argumentações. A primeira delas de ordem racional: era um contrassenso manter-se discriminação baseada em preconceitos, por isso ser totalmente contrário à utilidade social, a outra foi por motivação religiosa, pois o verdadeiro vigor da mensagem de Cristo, segundo Gregoire, estava assentado no humanismo e na tolerância; portanto, era inadmissível manter-se os judeus em eterna exclusão.

Depois da Queda da Bastilha, como secretário da Assembleia Constituinte, em 1790, além de insurgir-se contra a permanência dos privilégios nobiliárquicos, bateu-se pelo fim da escravidão negra nas colônias francesas do Novo Mundo (obtida em fevereiro de 1794) e pela extensão dos direitos de cidadania aos judeus (aprovados em 28 setembro de 1791).

Em seu famoso pronunciamento feito em agosto de 1789, Gregoire, intitulada *Moção em favor dos judeus*, afirmou:

> *Senhores, vós que consagrastes os direitos do homem e do cidadão, permiti que um cura católico eleve sua voz em favor de cinquenta mil judeus espalhados pelo reino que, enquanto homens, reclamam os direitos de cidadania. Neste século que se qualifica por excelência como o século das luzes, que ambiciona dotar o homem de seus direitos e dignidades primeiras, é sempre aos meus olhos um fenômeno moral ver que aqueles que mais falam em tolerância fazem uma exceção gritante contra os judeus, sem dar-se conta de ter uma noção precisa sobre a*

tolerância, sem mesmo ter o discernimento das diversas acepções desse termo.

Este seu empenho foi seguido pelo conde de Mirabeau, o tribuno maior da Revolução nos seus primeiros momentos, que depois de uma visita à Alemanha voltou entusiasmado com Mendelssohn, homenageando-o com um ensaio: **Sobre Moisés Mendelssohn, sobre a reforma política dos judeus** (*Sur Moses Mendelssohn, sur la réforme politique des Juifs*), de 1787.

Argumentou então que não importava se o indivíduo fosse cristão ou circuncizado, islâmico ou calvinista, pois o verdadeiro e nobre empenho do governo consistia em fazer com que cada uma dessas divisões se tornasse lucro para a grande sociedade.

Napoleão, protetor dos judeus

Todavia, na França, quem se revelou o verdadeiro campeão da causa da integração judaica foi Napoleão Bonaparte, continuador do programa do iluminismo. Inclusive, quando da Campanha do Egito (1798-9), em seguida ao cerco de Acre, o general cogitou em refundar um estado hebreu na Palestina.

Ao se tornar imperador, tratou de convocar a Paris uma grande assembleia judaica – O Grande Sinédrio – para responder a 12 questões. Oficialmente aberto em 9 de fevereiro de 1807, compunham-no 26 representantes laicos, que se juntavam a 45 rabinos, selecionados pelos prefeitos franceses para virem discutir as possibilidades de a lei mosaica adaptar-se à legislação nacional, admitindo o repúdio à poligamia, ao casamento civil, ao serviço militar e um conjunto outro de medidas econômicas.

O milenar Código de Moisés, inspirado por Jeová, devia harmonizar-se com o recente Código Napoleônico resultante das Luzes.

Desse modo, pensava-se em acelerar o processo de integração do povo do gueto na sociedade francesa de modo mais rápido possível. Conforme o império foi se alastrando nos anos seguintes pela Europa, os direitos civis foram igualmente estendidos aos judeus moradores dos países ocupados pelas forças de Bonaparte.

O sucesso da política napoleônica foi inquestionável e serviu como modelo à legislação seguinte de emancipação das minorias. O que não se podia imaginar naquele momento era a força poderosa e violenta do antissemitismo, que, poucos anos depois, especialmente a partir da segunda metade do século XIX, iria irromper pela conjugação intolerante e sangrenta do Racismo com o Nacionalismo.

IV – O caso Dreyfus e o sionismo

Em 1894, em Paris, o serviço secreto francês descobrira numa lata de lixo do adido militar alemão um documento muito suspeito. Tratava-se de um manuscrito, um borderô, no qual constava uma relação de documentos que poderiam ser postos à disposição do Reich em troca de favores econômicos. Na investigação sigilosa que se seguiu, chegou-se ao nome do capitão Alfred Dreyfus, um oficial do estado-maior do exército francês que podia ter acesso àquelas informações.

A condenação apressada

Após terem-no submetido a uma rápida prova caligráfica, Dreyfus foi detido e conduzido a um conselho de guerra onde, acusado de traição à pátria, foi sumariamente condenado à prisão perpétua em 19 de dezembro de 1894. Em seguida, em janeiro de 1895, degradaram-no publicamente e enviaram-no para o além-mar, mesmo com seus reiterados protestos de inocência, para cumprir pena eterna numa ilha do inferno verde da Guiana francesa, não sem razão chamada de Ilha do Diabo.

O jovem oficial pareceu aos seus acusadores o "traidor ideal" por ser um judeu alsaciano (região da França que havia sido anexada ao Império Alemão em 1871), evitando assim que um francês, cristão "de sangue puro", fosse apontado como um vendilhão da pátria. Ninguém, aquela altura dos acontecimentos, poderia sequer supor da tormenta que iria desabar sobre o país nos anos seguintes.

O escândalo

Ao tempo em que a imprensa antissemita, muito ativa na França daquela época, especialmente o jornal *La Libre Parole*, de Édouard Drummont, aproveitava-se do episódio para desencadear um ataque generalizado contra os judeus, um fator alterou substancialmente as coisas. Em 1896, outro oficial, o tenente-coronel George Picquart assumira a chefia do serviço secreto, e, ao rever as provas e os documentos do caso, concluiu que o verdadeiro traidor era o major Walsin Esterhazy, e não Dreyfus. Ao mesmo tempo um pequeno grupo de pessoas juntava-se à esposa do indigitado capitão, reclamando a reabertura do processo, convencidos da inocência dele.

Os generais, porém, decidiram-se contra qualquer revisão. Acreditavam que se duvidassem da sentença imposta a Dreyfus as suspeitas cobririam o exército, enfraquecendo o seu comando e o seu prestígio. Um exército falível significava uma França fragilizada. O impasse chegou aos jornais.

Em pouco tempo uma parte considerável dos homens cultos do país concluiu que não estava sendo feita justiça com o apenado da Ilha do Diabo. Entre eles, o jornalista Clemenceau e o líder socialista Jean Jaurés. Entenderam que o Exército preferia sustentar uma injustiça ao invés de reconhecer o seu erro. Desde aquele momento a França explodiu, mergulhada em polêmicas, discursos, troca de desaforos, agressões, etc. O caso Dreyfus dilacerou o país.

Duas raças morais

Julien Benda, escritor e filósofo racionalista, não conformista, entendeu o debate que então se seguiu, violentíssimo, entre os *dreyfusards* (que acreditavam na inocência do capitão) e os *antidreyfusards* (que apoiavam a sentença do exército), como o embate de "duas raças morais".

Uma delas era defensora intransigente da autonomia do homem, não acreditando haver dignidade numa sociedade na qual não se respeitassem os indivíduos, que os sacrificasse em nome de algum princípio ou o objetivo abstrato. A outra, ao contrário, advogava a servidão voluntária, denunciada há quatro séculos antes por Étienne Boétie, composta por gente zelosa da homogeneidade, dedicados primordialmente à defesa da espécie, do coletivo, das instituições vigentes, defendendo que, em nome de forças superiores, um ou outro indivíduo poderia ser imolado ao interesse comum, como ocorria, digamos, entre os antigos astecas.

Ou, como pregou na época o monarquista Charles Maurras, *l'individu ne doit pas primer l'État* (o indivíduo não deve sobrepor-se ao Estado). Cosmopolitas e nacionalistas radicais, enfim, novamente se enfrentavam pelas páginas dos jornais diários da França.

A Liga dos Direitos do Homem

Por sentir que os direitos do capitão infamado haviam sido atropelados e desconsiderados, é que um grupo de políticos (em número de 7), universitários (13), homens de letras (5), e diversas personalidades de ofícios e profissões diferentes, liderados pelo ex-ministro da Justiça Ludovic Trarieux, por Paul Desjardins, o filósofo Gabriel Sécilles, e Émile Duclaux, diretor do Instituto Pasteur, decidiram lançar um manifesto em 4 de junho de 1898, anunciando a formação da *Ligue des Droits de l'Homme* (Liga pela Defesa dos Direitos do Homem), em apoio a "qualquer pessoa cuja liberdade esteja ameaçada ou cujo direito tenha sido violado".

Repudiando essa militância a favor de Dreyfus, um outro aglomerado de homens de letras, nacionalistas furiosos, liderados por Henri Vaugeois e Maurice Pujo, com o apoio do crítico Lemaître e do novelista Maurice Barrés, fundou no mesmo ano a Liga da Pátria Francesa, que se afirmará como o núcleo da futura *Action Française* (revista que se será a base do fascismo francês) e cujo *slogan* era *la violence au service de la raison!*, a violência a serviço da razão! Portanto, a defesa dos Direitos do Homem e o fascismo, ainda que embrionário, se formarão desde então como inimigos de berço.

J'accuse! Eu acuso!

Manchete do Aurora com a carta ao presidente.

O movimento *dreyfusard* foi substancialmente reforçado pela adesão de Émile Zola, que, naquele momento, era o maior escritor vivo da França, um autor cujas tiragens atingiam um volume de venda até então desconhecido na história literária do país.

*E. Zola
(1840-1902).*

Exatamente por gozar dessa popularidade e ter-se enriquecido no seu ofício é que Zola ousou enfrentar o estabelecido, a desafiar as instituições. Numa impressionante e candente carta, publicada no dia 13 de janeiro de 1898, no jornal *L'Aurore*, dirigido por George Clemenceau (futuro ministro da França, em 1906/9, e presidente do Conselho de 1917/20), intitulada *J'accuse*! (Eu acuso!). Zola voltou-se para o presidente Félix Faure e outras autoridades militares, responsabilizando-os por não terem feito justiça com o capitão Dreyfus e acobertado o verdadeiro culpado, o major Esterhazy.

O Manifesto dos Intelectuais

O país ficou em choque, alarmou-se estarrecido com a coragem do escritor. Zola revivia assim, em plena França do final do século XIX, a tradição legada por Voltaire desde os tempos do caso Calas, quando o filósofo colocou sua pena a favor da revisão de um erro judiciário havia sido cometido em 1762, em função do fanatismo religioso.

Em apoio a Zola, uma leva de homens de letras, mais de 90, assinaram um documento: o **Manifesto dos Intelectuais**, no qual afirmavam: *Les soussignés, protestant contre la violation des formes juridiques au procès de 1894 et contre les mystères qui ont entouré l'affaire Esterhazy, persistent à demander la révision* (Os signatários, protestando contra a violação das formas jurídicas do processo de 1894 e contra os mistérios que envolveram o caso Esterhazy, persistem na demanda pela revisão). Entre as assinaturas constavam as de Marcel Proust e de Anatole France.

Desde então se difundiu o termo *intelectuais* (provavelmente pela insistência de Clemenceau, a partir de um artigo do direitista Maurice Barrés, que usou o termo como ironia) para definir a gente de letras e das ciências que se engaja em questões ideológicas, éticas ou morais da sua sociedade. O alto comando militar, sentindo-se afrontado, ganhou simpatizantes na justiça, obrigando a que Zola, condenado a um ano de prisão por difamação, se retirasse de Paris, buscando exílio voluntário em Londres em outubro de 1898 até o furor contra ele amainar, quando então retornou a Paris, em junho de 1899.

O fim do caso

Dreyfus então foi trazido da Ilha do Diabo para outro julgamento, desta vez em Rennes, e novamente foi condenado em 8 de agosto de 1899. A situação, porém, se alterara. Não havia mais condições políticas nem morais de remetê-lo de volta ao cativeiro infernal. Loubet, o presidente da República, viu-se então forçado a indultá-lo em 19 de setembro de 1899.

Dessa vez a pressão não era só interna, pois muitos governos, por meio dos seus embaixadores, fizeram ver ao governo francês que era inconveniente manter Dreyfus na cadeia. Chegaram a ameaçar de não participarem da grande Feira Mundial de 1900, que seria inaugurada em Paris no ano seguinte.

Libertaram-no então, mas não o reintegraram. Somente seis anos depois do perdão, em 1906, e doze da sua degradação, é que Alfred Dreyfus foi readmitido no exército e promovido a major. E isso porque o Partido Radical, que vencera as eleições de 1905, resolvera separar definitivamente o Estado da Igreja Católica (que durante todo o tempo participou ao lado da campanha antissemita dos *antidreyfusards*).

Os intelectuais

A mobilização dos homens de letras, dos artistas e dos sábios, provocada pelo *affaire* Dreyfus, alterou profundamente a imagem que a sociedade tinha deles. Ao invés de estarem encerrados numa torre de marfim, como muitos deles pregavam, à margem dos sofrimentos do mundo, absorvidos por suas obras, doravante um intelectual merecedor desse nome deveria ser alguém engajado. Não apenas produzindo "literatura social", mas envolvido nas querelas do seu tempo, particularmente na defesa dos que não tinham, não importando o motivo, condições de fazê-lo por si mesmo. Formavam eles uma espécie de corpo à parte do restante dos pais, sendo identificados como "os intelectuais". Na Rússia czarista eles compunham a *intelligentsia*. Porém, como alertou Julien Benda no seu *La Trahison des Clercs* (A traição dos intelectuais, 1927), o compromisso maior deles era com a verdade e não com as suas inclinações políticas ou emocionais, pois muitos deles estavam traindo seus vínculos com a herança racionalista, deixando-se levar pelas paixões ideológicas.

Projeção

O caso Dreyfus teve inúmeras consequências. A paixão que dividira o país subsistiu de outras formas. Transformou-se num ódio ideológico (que de certo modo substituiu o ódio teológico da época das guerras de religião). Os partidos de esquerda, simpatizantes de Dreyfus, tiveram que se defrontar com uma direita cada vez mais radicalizada pela *Action Française* e pela sua tropa de choque, os *Camelots du Roi*, que, de certa forma, minou a política nacional, facilitando a rápida vitória militar de Hitler sobre a França em 1940.

Coube a Léon Blum, um ex-ativista *dreyfusard*, chefiar o primeiro governo da Frente Popular, uma coalizão de socialistas, comunistas e republicanos radicais, que venceu as eleições de 1936.

A ocupação nazista de 1940-44 significou a desforra dos *antidreyfusards*, que, desta vez, tiveram o integral apoio do governo (tanto alemão como dos colaboracionistas de Vichy) para se vingarem na comunidade judaica francesa, auxiliando na identificação e captura de mais de 70 mil deles, e na sua remessa para os campos nazistas de extermínio.

Além, é claro, de enviar os seus antigos desafetos *dreyfusards* para a prisão ou para os campos de detenção, como ocorreu com Léon Blum, onde ficaram até serem libertados pelos aliados, em 1944.

O antissemitismo e o sionismo

A campanha antissemita desencadeada pela imprensa francesa mais intensamente a partir de 1894, e que se estendeu durante todo o caso, fez com que muitos judeus reativassem o antigo sonho de voltar à Palestina, estimulando com isso o surgimento do Movimento Sionista, que teve o seu primeiro congresso na cidade de Basileia, na Suíça, em agosto de 1897, aberto pelo jornalista Theodor Herzel, autor do *Der Judenstaat* (O estado judeu, 1896).

Para ele, o *affaire* Dreyfus demonstrara a impossibilidade dos judeus serem algum dia assimilados pela sociedade europeia. Se mesmo na França, herdeira do racionalismo e da Revolução de 1789, acontecia das massas andarem bradando pelas ruas "Morte aos judeus!", imagine-se nos outros países. Portanto, só havia uma solução para a questão judaica, a migração em massa para a Palestina.

Pode-se, pois, deduzir que o atual Estado de Israel, de certa forma, resultou disso.

Os protocolos

A reunião de representantes de judeus de diversos lugares da Europa para tentarem traçar um destino comum para a sua comunidade não poderia deixar de incendiar a imaginação perversa dos antissemitas.

Uns anos depois do congresso começou a circular um opúsculo apócrifo, encomendado por um agente da *Okhrana*, a polícia secreta do czar, denominado "Os protocolos dos sábios do Sião", onde é relatada uma fantasiosa conspiração dos judeus para dominar o mundo, panfleto que foi largamente distribuído na Rússia czarista depois da revolução de 1905, e entre os militantes nazistas depois da fundação do partido em 1919, na Alemanha.

Bibliografia

Harris, Ruth. *The man ond Devil's Island*. Londres: Allen Lane, 2010.
Winock, Michel. *O século dos intelectuais*. Rio de Janeiro: Editora Bertrand Brasil, 2000.

V – O holocausto e as origens do moderno antissemitismo

O pensamento racista europeu

O século XIX foi um século paradoxal. Ao mesmo tempo em que deu o grande impulso à industrialização e seu corolário – barco a vapor, estrada de ferro, iluminação a gás, urbanização, medicina preventiva, a fotografia –, foi também um centênio carregado de profundos preconceitos e ideologias excêntricas. A palavra *antissemitismo* foi cunhada em 1873 para substituir a expressão "ódio ao judeu", por um estudioso alemão chamado Wilhelm Marr, autor de um tratado contra os judeus: *A Vitória do Judaísmo sobre o Germanismo*, de 1879.

Entre as teorias excêntricas que surgiram naquele século estão as concepções racistas, fortemente influenciados pelo biólogo Charles Darwin, com sua defesa da seleção das espécies e da vitória do mais apto, etc., alguns pensadores desenvolveram a ideia de que a raça branca era mais qualificada que as demais e que essa superioridade havia sido determinada senão que pela mãe Natureza.

Desse modo, as raças foram divididas em superiores (dominantes) e inferiores (dominadas), ainda que existindo subdivisões entre elas.

Entre os brancos, por exemplo, os alemães ou germanos eram considerados pelos teóricos racistas os mais legítimos representantes dos arianos, uma raça pura mitológica, enquanto que franceses e russos eram tidos como inferiores, porque apresentavam altos porcentuais de miscigenação (os franceses por resultarem da mistura de gauleses de origem celta com os romanos latinos, e os russos por serem mistura dos eslavos com os tártaros).

Havia, pois, uma programação que fazia com que, biologicamente, algumas raças fossem melhores do que as outras e ninguém podia alterar isso.

As circunstâncias em que as teorias racistas surgiram são explicadas pelo momento histórico que a Europa atravessava naquela época. Meia dúzia de nações de homens brancos ao longo do século XIX dominava o mundo de então.

Nada havia na face da Terra que não fosse determinado ou autorizado pelos governos colonialistas de Londres, Paris, Berlim, Roma, Haia, Bruxelas ou Lisboa.

Milhões de homens e de mulheres na África, na Índia, na Indochina, na Indonésia, na Malásia, na Polinésia, eram controlados por funcionários das potências imperiais.

A eugenia

Como consequência lógica dessa situação de domínio econômico e tecnológico do homem branco colonialista surgiu a chamada ciência da eugenia ("bem nascido"), desenvolvida desde 1883 por um descendente de

Darwin chamado Francis Galton. Segundo ele, poderia haver uma purificação genética da raça branca eliminando-se dela os elementos doentes, fracos ou genericamente degenerados, evitando-se sua reprodução. Eles não teriam "direito à vida", devendo, de algum modo, ser eliminados da sociedade por meio da eutanásia ("morte suave").

Portanto, preservar as características raciais dos brancos, evitando a miscigenação ou sua degenerescência, era um serviço prestado à civilização, visto que, segundo a antropologia racista, tudo que havia de bom na terra advinha dos arianos e seus descendentes, isto é, os europeus puros.

O pensamento social-darwinista e racista passou a ser comum entre muitos intelectuais europeus (o Conde Gobineau e Vacher de Laponge eram franceses e Houston Steward Chamberlain era inglês), tornando-se muito popular entre os alemães, especialmente após terem obtido sua unificação nacional com a fundação do II Reich pelo chanceler Otto von Bismarck, em 1871.

Nacionalismo e antissemitismo

A onda de nacionalismo patrioteiro que invadiu o país estimulou um forte sentimento antissemita, porque o judeu era considerado um apátrida, um desenraizado que não tinha nenhuma bandeira pela qual lutar, quando não um tipo ardiloso que secretamente travava de alimentar guerras entre os cristãos para obter lucro e outros benefícios.

Numa nação que recentemente se unificara, o sentimento antissemita tornou-se parte da identidade nacional, pois independentemente dos alemães nascerem na Prússia, na Saxônia, na Bavária, ou na Suábia, a fobia ao judeu era comum à maioria deles.

Típico dessa perigosa mentalidade foi a afirmação de Eugen Dühring, que dizia:

> *Os judeus constituem uma raça má, semelhante aos micróbios; semeiam a corrupção onde quer que se infiltrem. Esta é a tragédia do povo alemão: o melhor povo da Terra está rindo por dentro... o judeu não pode ser integrado à sociedade alemã; deve-se impedi-lo de causar danos* (in Die Judenfrage als Racen, 1880).

O antissemitismo biológico

Se durante séculos o judeu viu-se martirizado por razões de ordem religiosa por considerarem-no traidor de Cristo, na idade contemporânea surgiu uma nova e mais terrível ameaça contra ele: o nacionalismo radical dos povos europeus, que se misturou às pretensões racistas de superioridade biológica.

O cosmopolitismo da Revolução Francesa foi ao longo do século cedendo seu lugar a um nacionalismo cada vez mais extremado. Em larga parte, isso decorreu da resistência dos povos ao Império de Napoleão (1799-1815) e da eclosão das Revoluções de 1848, consideradas como "a Primavera dos Povos", movimento que excitou enormemente a singularidade nacional.

O discurso a favor da humanidade, de tolerância e fraternidade universal, herdada dos iluministas do século XVIII, foi dando lugar ao exclusivismo patrioteiro; tudo pelo meu país, ódio aos inimigos da pátria.

Paralelamente a isso, ocorria o extraordinário avanço das ciências positivas e naturais. Com o doutor Pasteur e com o doutor Koch descobre-se o vírus, os bacilos perigosos, os parasitas, a causa das doenças endêmicas, e com elas surge a política da quarentena para isolar os infectados e a necessidade da assepsia e higienização, etc.

Não tardou muito para que o antijudaísmo abandonasse o seu antigo linguajar religioso e teológico e aderisse às novas expressões criadas pela ciência e grosseiramente aplicadas aos judeus.

A situação de serem historicamente apátridas os caracterizava como vírus perigoso ao nacionalismo; a simples presença de um judeu era tida como ameaça à segurança nacional. A mesma ideia foi projetada quanto às questões raciais, entendendo os suprematistas arianos que os judeus eram idênticos a um bacilo nocivo, o que enfraquecia a raça superior.

Além disso, suas atividades econômicas, particularmente no comércio e nos bancos, eram percebidas como parasitárias ou predatórias, não produtivas enfim, ao contrário do labor dos empresários, operários e camponeses cristãos.

Portanto, aqueles que esperavam que o progresso econômico e social dos séculos XIX e XX apagasse os vestígios do antijudaísmo, entendido como uma relíquia bárbara dos tempos medievais, se decepcionaram porque ele simplesmente tomou outra coloração, a qual terminou se revelando bem mais violenta e assassina do que as antigas perseguições.

A política antissemita do Nazismo

A derrota na Primeira Guerra Mundial (1914-1918) e as humilhações impostas pelo Tratado de Versalhes, de 1919, provocaram uma sensação de desespero que abalou terrivelmente os alemães. A agitação revolucionária, os confrontos entre os radicais esquerdistas e os corpos francos de direita, as ameaças separatistas, o desemprego, a falta de perspectiva, as pesadas indenizações de guerras exigidas pelos aliados vitoriosos sobre a Alemanha somaram-se para criar um quadro propício ao afloramento de um violento antissemitismo.

Entre outras razões, os militantes da direita acusaram os judeus e os comunistas de terem "apunhalado pelas costas", isto é, terem sabotado o esforço de guerra alemão promovendo greves nas fábricas de armamentos e incentivando a indisciplina nos quartéis e nas bases da marinha alemã.

Para piorar, um número significativo de intelectuais judeus militava nos partidos socialistas (tanto na social-democracia, SPD, como no *Spartakusbund,* o grupo Spartacus, de onde se originou o Partido Comunista Alemão, o KDP), tais como Rosa Luxemburgo, Eduard Bernstein, Kurt Eisner, etc., que nunca se caracterizaram por ardor patriótico, tendo em geral tomado posições pacifistas e antibélicas.

Os judeus na República de Weimar

Os judeus alemães livres das restrições que existiam contra eles no tempo da Monarquia Guilhermina, com a proclamação da República de Weimar (1918-1933), começaram a galgar postos importantes. Na sociedade do pós-guerra, democratizada e liberalizada, garantida pela constituição democrática de 1919, foram removidas as sanções contra eles.

Na mentalidade da extrema direita nacionalista parecia-lhes evidente que a projeção social e cultural dos judeus em ascensão durante a República de Weimar ocorria graças à derrota alemã. A conclusão lógica disso é que eles, de alguma forma, eram culpados pela catástrofe de 1918. Solaparam a retaguarda alemã para depois ascenderem a postos importantes na república.

O fato de um judeu assumir o Ministério das Relações Exteriores da República de Weimar, como foi o caso de Walter Rathenau, um industrial sofisticado e culto, era uma prova manifesta de que eles se beneficiavam da desgraça nacional.

E, mais evidente ainda do conluio deles com os comunistas por ter sido ele, Rathenau, o principal entusiasta e signatário do Tratado de Rapallo, assinado em 1922 com a Rússia Soviética (o que serviu de pretexto para, logo em seguida, o seu assassinato, cometido por dois oficiais extremistas de direita).

Conforme a crise alemã se aprofundava, mais crescia a tendência "liquidacionista" do problema judeu, atingindo seu auge quando a bolsa de Nova Iorque quebrou, em outubro de 1929, arrastando boa parte do mundo a uma profunda crise econômica. Somente na Alemanha, contabilizaram-se 6 milhões de desempregados em 1932. Naturalmente que a eles foi atribuída grande parte da responsabilidade pela catástrofe devido à tradição "especulativa" ser a eles associada.

Cartaz nazista: "Quem compra do judeu é traidor da pátria".

Quando Hitler finalmente chegou ao poder, em janeiro de 1933, os milicianos nazistas da *SA* (**Sturmabteilung**) organizaram boicotes na frente das lojas e estabelecimentos judaicos, conclamando o povo para que nada adquirissem deles. Eles eram ofendidos nas ruas e suas vitrines apareciam pichadas, mas ainda se estava distante do horror que viria depois a ocorrer.

Holocausto: executores

O mandante

Adolf Hitler (1889-1945).

O executor

*Heinrich Himmler (1900-1945),
Chefe da SS e da Polícia Nazista.*

Os cúmplices

Reinhard Heydrich, Comandante executivo da SS e arquiteto do Holocausto (1904-1942).

Hans Frank (1900-1946), Governador-geral da Polônia ocupada. Supervisionou os campos de extermínio.

Adolf Eichmann (1906-1962). Ten-cel da SS: Assumiu a logística da transferência forçada dos prisioneiros judeus para os campos de extermínio.

Avoluma-se a tragédia

A segregação

No ano de 1935 foram anunciadas as primeiras leis nazistas que visavam a atingir especificamente os judeus, as ditas Leis de Nuremberg, segundo as quais eles não poderiam mais casar-se com arianos, nem manter-se em nenhuma função pública, nem mais ingressar nas universidades alemãs e muito menos dar aulas nelas.

O filósofo Husserl, considerado "pai da fenomenologia", por exemplo, antes de ser banido do ensino superior, foi proibido de frequentar a biblioteca da Universidade de Freiburgo, dirigida pelo seu discípulo Martin Heidegger, que aderira ao regime.

Boicote a uma loja judaica (1933).

Os que exerciam profissões liberais não poderiam mais praticá-las com alemães (um médico judeu, por exemplo, estava proibido de atender um paciente alemão, para evitar "contaminá-lo"). Outras leis complementares retiraram os títulos dos médicos e dos advogados. Abertamente, o regime nazista adotou a exclusão completa dos judeus dos direitos de cidadania que a Constituição de Weimar lhes havia antes assegurado. Do dia para noite, os judeus alemães se tornaram párias sociais.

As violências maiores ocorreram no pogrom contra eles na fatídica "noite dos cristais" (**Kristalnacht**), entre 9 e 10 de novembro de 1938, quando por toda a Alemanha 101 sinagogas foram destruídas, seguidas de profanações em cemitérios judaicos, prisões e assassinatos, ações estas abertamente estimuladas por Joseph Goebbels, o Ministro da Propaganda do Reich, como represália ao assassinato do conselheiro da embaixada alemã em Paris, cometido por um jovem judeu desesperado.

Pela primeira vez os campos de concentração (**Konzentrationslager**), criados desde 1933 (sendo que o primeiro deles foi Dachau, instalado na periferia de Munique), receberam prisioneiros judeus. Todavia, ainda nesse momento Hitler não havia decidido dar início à política de extermínio físico da comunidade judaica.

O confinamento

Com o início da Segunda Guerra Mundial, em 1.º de setembro de 1939, o Governo-Geral de ocupação da Polônia determinou que todos os judeus fossem confinados em grandes guetos instalados em bairros das principais cidades polonesas.

Para administrá-los, permitiu a formação de comissões judias, o **Judenrat**, atuando como intermediário entre os nazistas e o povo perseguido e segregado.

Remoção de civis do gueto de Varsóvia (1943).

O gueto de Varsóvia em pouco tempo tornou-se o mais célebre de todos. Lá foram expremidas 450 mil pessoas, que passaram a viver em condições subumanas. Todo judeu era obrigado a usar uma braçadeira com a estrela amarela de Davi, para ser identificado pelas autoridades.

Somente poderiam sair do gueto aqueles que tivessem autorização expressa para tal. Com o alastramento da guerra para o Ocidente, judeus da França, Holanda, Bélgica e dos países nórdicos, bem como os judeus alemães que ainda não haviam conseguido emigrar foram também removidos para campos especiais.

Ainda em 1940, os nazistas cogitaram de expulsar os judeus para a Ilha de Madagascar, na costa oriental da África. Mas o projeto inviabilizou-se pela continuidade da guerra. A marinha alemã não tinha condições de transportar milhões de indivíduos por mares controlados pela esquadra britânica.

O extermínio

A decisão pela chamada "Solução Final" (**Endlosung**) do problema judaico foi tomada no verão de 1941, logo depois da invasão da União Soviética e das Repúblicas Socialistas por tropas nazistas.

Na ideologia de Hitler, bolchevismo e judaísmo, bem como capitalismo e judaísmo eram faces da mesma moeda. Tanto por detrás do plutocrata como do comunismo estava oculto o poder do Povo dos Dez Mandamentos. O como o líder nazista havia entrado numa luta de vida e morte com a potência comunista, a URSS, pareceu-lhe lógico também decretar o extermínio do judaísmo, para ele base de sustentação étnica do comunismo. Igualmente, pesou na decisão do ditador o fato de as revoluções comunistas que ocorreram no final da Primeira Guerra terem sido forte participação de judeus, tanto na Rússia (Leon Trotski, Leon Kamenev, Grigori Zinoviev, Yakov Sverdolv), como na Hungria (Bela Kuhn) e na Baviera (Kurt Eisner), fazendo com que lhe aflorasse, como campeão do anticomunismo, o desejo de vingança contra a nação judaica inteira.

O ditador encarregou para essa terrível tarefa de extermínio em massa as suas tropas de confiança: os homens da SS (**SchutzStaffeln**).

Liderados pelo *Reichsführer* Heinrich Himmler – o supremo mandante do Estado SS –, por sua vez, este nomeou o seu subcomandante Reinhard Heydrich como executor da política de liquidação. Daí chamar-se de Operação Reinhard.

No princípio da invasão da União Soviética destacaram-se para atuar ao lado da Wehrmacht os chamados Grupos Móveis (**Einsatzgruppen**), compostos por executores da SS. Eles foram os encarregados dos fuzilamentos que se seguiram, aldeia após aldeia, cidade após cidade, que iam caindo nas mãos das forças de ocupação nazista. Essa foi a primeira fase da chamada *Endlösung*, "a solução final" do problema judaico.

A população aprisionada (estimam-se uns cinco milhões na Rússia Ocidental), depois de identificada, era conduzida para uma periferia qualquer e, juntamente com as autoridades comunistas, especialmente os comissários, passada nas armas.

Um dos casos mais tenebrosos desse tipo de massacre-monstro ocorreu nas proximidades de Kiev, na Ucrânia, entre os dias 29 e 30 de setembro de 1941, quando 92.771 civis judeus foram levados à ravina Babi Yar e mortos a tiros, num dos maiores assassinatos da história.

A Conferência de Wansee

Todavia, os nazistas rapidamente se deram conta de que a tarefa era colossal demais para ser resolvida por balas de fuzil ou metralha. Assim, durante uma reunião secreta os detalhes da gigantesca operação, que seria a segunda fase da "solução final", foram estabelecidos na Conferência de Wansee (periferia de Berlim), ocorrida em 20 de janeiro de 1942, com a presença de 15 funcionários da alta burocracia nazista, liderados por Reinhard Heydrich, e que contou com a presença do famoso Adolf Eichman (chefe do Departamento da Gestapo IV B 4, órgão responsável por toda a logística relacionada com os estudos e a execução do extermínio em curso).

Decidiram-se então, dada a morosidade das mortes por fuzilamento, por uma ampla manobra de liquidação física da população judaica por meios industriais, o que implicava, para tal fim, a construção de campos de concentração especiais (*konzentration lager*). Calcularam inicialmente que a tarefa deveria eliminar onze milhões de judeus.

Todo um complexo aparato foi então ativado, uma imensa máquina de morte que envolvia a vasta rede de transportes ferroviários, tropas especiais, as chamadas **Totenkopf**, serviços de engenharia, administração, logística, capatazia e construção das câmaras de gás em locais especiais de extermínio (utilizaram para tanto, entre outros, o gás chamado zyclon B, que era ácido prússico cristalizado, como monóxido de carbono).

Daniel Goldhagen calculou que o total de pessoas envolvidas nisso, na logística do genocídio, chegou a 500 mil soldados e civis alemães, fora um número não determinado de *Hilfers* (ajudantes) ucranianos, poloneses, lituanos e outras minorias que tinham fobia aos judeus.

Os governos aliados ou colaboracionistas da Alemanha nazista foram, por sua vez, convocados a participar da caça aos judeus, entregando-os às autoridades policiais para serem removidos para os campos de morte.

A geografia do extermínio

A população judaica capturada foi confinada a 399 guetos na Polônia e mais 34 na Galícia. No total, havia 1.600 campos de trabalhos forçados, num universo de 10.005 unidades de detenção espalhadas pela Europa ocupada pelos nazistas, sendo que 5.800 delas estavam na Polônia.

Forno crematório no campo de Dachau.

Além disso, construíram 52 campos principais (os mais famosos dos campos da morte, ***Totenlager***, situavam-se em Auschwitz-Birkenau, Chelmo, Belzec, Sobibor e Treblinka), com 1.202 acampamentos-satélites. Auschwitz – a horrenda metrópole do genocídio – por exemplo, o maior dos campos, possuía 50 campos-satélites, e sua escolha como local preferencial deveu-se a ser um entroncamento ferroviário onde cruzavam as estradas de ferro vindas da Alemanha e as do Leste europeu.

Encarregados diretamente do genocídio, foram destacadas as *Einsatzgruppen* com 3 mil soldados, mais 38 batalhões policiais comuns com 19 mil homens e, por fim, as brigadas SS, com 25 mil integrantes.

A liquidação dos deficientes

Na verdade, os nazistas já haviam dado início à política homicida colocando em prática os princípios da eugenia, eliminando a partir de 1.º de setembro de 1939 os menores excepcionais e os deficientes mentais (calcula-se em 70 mil vítimas), classificados como "indignos de terem direito à vida". Para isso, Hitler havia nomeado o doutor Karl Brandt como executor-mor do programa da eutanásia coletiva.

O massacre da população judaica ficou conhecido como **Holocausto**, mas, de fato, era apenas uma das partes de um projeto bem mais amplo de assassinato em massa desenvolvido pelos nazistas.

Segundo o Código 10, preparado pelo chefe do Serviço de Segurança da SS, Reinhard Heydrich, deveriam ser mortos, além dos judeus, os comunistas, os homossexuais, os ciganos, as testemunhas de Jeová, e a *intelligentsia* do mundo eslavo (professores, jornalistas, escritores, sábios, etc.).

O macabro ritual do genocídio

O processo de perseguição, captura e extermínio da população judaica, a partir de 1941, obedeceu a duas etapas distintas, ainda que estreitamente ligadas entre si, Logo que as divisões do exército alemão adentraram no território russo coube aos Esquadrões da Morte (Einzatstruppen), que o seguiam, o papel de identificar, remover para um local previamente acertado e sistematicamente fuzilar os judeus. Primeiro foram somente os homens, mas não tardou que a terrível sentença de morte fosse estendida às mulheres e crianças.

O motivo disso foi explicado posteriormente aos altos funcionários da SS num discurso feito no Castelo de Posen, na Polônia, em 1943, pelo *Reischsführer-SS* Heinrich Himmler: os alemães não podiam deixar as crianças vivas, pois certamente que, passados os tempos, haveria a inevitável vingança dos judeus contra os alemães. Era para proteger o futuro dos filhos dos germanos que era preciso se empenharem naquele sacrifício, por mais repugnante e antinatural que fosse. Segundo suas palavras:

Peço-vos que apenas ouçais, mas nunca faleis daquilo que vos digo neste círculo. Surgiu-nos a questão: como é que será com as mulheres e crianças? – Eu decidi en-

contrar uma solução clara também a esse respeito. Isso porque não me considerei autorizado a exterminar os homens — ou seja, matá-los ou mandá-los matar — e deixar as crianças crescerem como vingadores contra os nossos filhos e netos. Teve que ser tomada a difícil decisão de fazer aquele povo desaparecer da face da Terra.
Para a organização [isto é, a SS] que teve que executar essa tarefa, foi a mais difícil que até agora tivemos. Foi executada, sem que — como acho poder dizer — os nossos homens e os nossos líderes tenham sofrido danos em corpo e alma.
O caminho entre as possibilidades existentes, a de se tornar desalmado e perder o respeito pela vida humana, e a de virar fraco e perder o controle até o colapso nervoso — o caminho entre estas Cila e Caribde é horrivelmente estreito."

A solução pelo gás

A decisão de encontrar-se outros modos para o assassinato em massa, surgiu por duas imposições. A primeira delas dizia respeito ao elevado número daqueles que deviam morrer.

Na Conferência de Wansee, estimaram em onze milhões de judeus na totalidade, sendo impossível cumprir as metas da "solução final" por métodos convencionais determinados pelo uso da metralhadora. Outra das circunstâncias que levaram à alteração daquela prática foram de ordem subjetiva.

Visitando uma área de extermínio em Minsk, na Bielo-Rússia, em agosto de 1941, Himmler ficou chocado pelo aspecto de açougue ao ar livre e como aquilo estava afetando os homens encarregados das matanças. Alcoolismo e sadismo misturavam-se ao crescente descontrole emocional e à insônia. Os soldados tinham que ser protegidos de alguma maneira contra a brutalidade daquilo, alterando-se os procedimentos.

Parece que as observações que ele anotou então procederam do comandante local da SS, Erich von dem Bach-Zelewski, no sentido de encontrar alternativas. E isso que Himmler testemunhou o fuzilamento de não mais de cem judeus, quando a cota do extermínio diário dos *Einsatzgruppen* chegava a milhares.

Soube que experimentaram a dinamite em dois *bunkers* situados nas cercanias de Minsk, lotados por alienados mentais, mas os resultados foram negativos.

Dias depois da vista dele, dois especialistas, Nebe e Albert Widmann, do *Institut Kriminaltechnisches*, Instituto Tecnológico de Polícia Criminal, decidiram recorrer ao gás carbônico expelidos por automóveis, asfixiando 20 deficientes mentais confinados numa sala fechada. Em poucos minutos não restou nenhum vivo.

Não era uma experiência inédita, pois viaturas ambulantes preparadas para esse fim já circulavam pela Polônia ocupada. Estava assim aberto o caminho para a utilização de gases ainda mais poderosos com o objetivo de executar a determinação de Hitler em exterminar a raça judaica da Europa. O campeão de todos foi o Zyclon B.

Os campos de extermínio

Judeus de todas as partes e de todas as idades, desterrados pelas autoridades aliadas ou colaboracionistas dos nazistas ou da ocupação, eram colocados regularmente em inúmeros comboios de vagões de gado e levados, conforme o caso, para a guetização ou diretamente para os campos de extermínio que foram rapidamente erguidos em solo polonês.

Diziam-lhes para carregarem seus pertences numa mala ou mochila, porque estavam sendo removidos para locais fabris, carentes de mão de obra. Achavam que com isso aliviavam um tanto a tensão durante o deslocamento.

Quando chegavam ao seu destino, muitos deles já padeciam de inanição e sintomas diversos, devido às condições desumanas do transporte.

No pórtico dos campos se deparavam com uma típica ironia do humor negro dos nazistas: ali estava escrito *Arbeit macht Freiheit*, o "Trabalho faz a Liberdade".

Na entrada do campo de concentração era então feita uma seleção primeira. Os que estavam muito fracos, os idosos, as mulheres com seus filhos eram os primeiros a serem gaseados. Médicos e seus assistentes assumiam nesse momento o papel de juízes supremos da vida dos recém-chegados. Os que aparentavam estar em melhores condições físicas eram temporariamente poupados para tocarem os serviços internos do campo. Entre eles é que se escolhiam os *kapós*, os capatazes, que eram obrigados a fazer o trabalho pesado e cruel.

Os apontados para morrer seguiam para o prédio do gás, passando antes por galpões, onde deixavam seus pertences, cortavam o cabelo a zero e lá deixavam também suas roupas, pois eram empurrados nus para a "higienização".

Quando um número expressivo deles lotava uma sala com aspecto de grande vestiário, eram ligados os "chuveiros" de onde se desprendia a fumaça venenosa e mortífera que envolvia a todos. Dez ou vinte minutos depois, os corpos caídos, uns sobre os outros, ocupavam todo o espaço.

Então entravam as equipes de remoção. Sob supervisão de um guarda, os corpos eram retirados para outro setor, a fim de que fossem extraídos deles seus dentes de ouro, anéis ou qualquer outro objeto de valor que pudesse ser encontrado nos cadáveres.

Dali, levados em carrinhos de mão, ou simplesmente carregados por dois ou três outros prisioneiros, eram transportados para o seu destino final, o grande crematório, onde seus infelizes restos eram incinerados em enormes fornalhas especiais.

Conheciam então a única liberdade possível: sair do campo de extermínio pela chaminé como fumaça e cinzas.

Os sobreviventes que ficavam aguardando a vez eram alojados em barracões independentes, subdivididos em amplas peças ocupadas por beliches sobrepostos que chegavam a quatro num só lugar.

A magra refeição era-lhes servida por vezes ao ar livre. Partiam então para executar as tarefas gerais, por vezes plantar na horta ou mesmo trabalhar por um tempo numa oficina ou marcenaria, até que fossem chamados para o doloroso momento final. Enquanto isso, a morte não lhes dava sossego, pois inúmeros eram atacados por doenças como o tifo e a tuberculose.

Uma quantidade significativa entrava em colapso físico devido à exaustão. O encontro do trabalho exasperador com a má alimentação, que se somava ao frio devastador imperante no Leste europeu, devastava as fileiras dos presos. Em pouco tempo a maioria se encontrava emacerada, pele sobre ossos, olhos saltando das órbitas.

Perdiam rapidamente o aspecto humano, assumindo a forma de espectros ambulantes, de esquálidas almas danadas vestindo pijamas listrados vagando pelo pátio do campo sem saber para onde ir ou o que fazer.

Primo Levi, escritor italiano, preso em Auschwitz, confessou que deixou de ver seus conterrâneos, presos com ele, porque o aspecto deles era cada dia pior, deixando-o mais deprimido ainda. Ele conseguiu sobreviver graças aos seus conhecimentos de química, o que o qualificou para operar num laboratório até a libertação do campo pelo exército soviético, em 1945.

As marchas da morte

O episódio das chamadas *Todesmärschen*, as "marchas da morte", merece uma referência à parte, porque foram a demonstração da obsessão liquidacionista da política nazista. Mesmo nos estertores da guerra, com as tropas aliadas (soviéticas e anglo-americanas) rapidamente se aproximando, os dirigentes dos campos receberam instruções de remover os presos para locais mais retirados, em geral no interior da Alemanha.

Os prisioneiros, milhares deles, que ainda estavam vivos, em pleno inverno, foram colocados em fila para dirigirem-se a outros campos, desconsiderando-se o fato de eles não terem as mínimas condições físicas para tanto.

Prisioneiros sendo removidos de Dachau (1945).

Era um exército de sombras deslocando-se pelas estradas e trilhas, desamparado de tudo, porque os guardas não se preocuparam em levar alimento e água, quando por acaso existiam. Quem não resistia era sumariamente abatido a tiros, sendo o corpo deixado à margem, sem sepultura.

Milhares de prisioneiros morreram de exposição, fome e exaustão. As marchas forçadas foram especialmente comuns no final de 1944 e 1945, como as guardas SS evacuadas para campos de prisioneiros na Alemanha mais afastados do fronte. Operações de evacuação mudaram os prisioneiros de Auschwitz, Stutthof e Gross-Rosen, oeste de Buchenwald, Flossenbürg, Dachau e Sachsenhausen, no inverno de 1944-1945, a partir de Buchenwald e Dachau e Flossenbürg de Mauthausen, na primavera de 1945, e de Sachsenhausen e Neuengamme para Norte no Mar Báltico, nas últimas semanas da guerra (ver *Death Marches*, in Enciclopédia do Holocausto).

Elas foram o episódio derradeiro da pavorosa campanha de assassinato em massa que começara quatro anos antes, determinada por Adolf Hitler, e que seguramente aumentou ainda mais o número final de vítimas.

Etapas da "solução final"

Primeira etapa (1939-1941)	Segunda etapa (1942-1945)
Identificação e confinamento da população judaica em guetos e em campos de concentração. Fuzilamentos em massa nos territórios ocupados.	Esvaziamento dos guetos e liquidação dos prisioneiros nos campos de extermínio por meio do gás venenoso, redução pela fome, doença e maus-tratos.

Prisioneiros judeus confinados num trem.

Num relatório final apresentado por Adolf Eichmann em 1944 ao seu chefe Heinrich Himmler, são mencionados mais de 5 milhões de mortos. O número exato de vítimas da "solução final" provavelmente será impossível de se apurar. Inclusive poderá ter sido bem superior ao que comumente se encontra nas estimativas dos historiadores.

Estranhamente, as notícias que começavam a chegar falando do massacre dos judeus europeus foram recebidas com descrença no Ocidente.

Muitas pessoas, não aceitando a terrível verdade, imaginavam que não passava de contraespionagem aliada, uma arma da guerra psicológica para infamar os nazistas (ver Walter Laqueur, *O Terrível Segredo*, 1981).

Igualmente foi questionada depois da guerra a atitude complacente da Igreja Católica, particularmente do Papa Pio XII, entronado em 1942, que não se manifestou publicamente contra o extermínio dos judeus e de outros grupos, porque o Vaticano julgava a luta anticomunista de Hitler um fator prioritário, senão que uma nova Cruzada contra o anticristo Stalin.

Extermínio dos prisioneiros judeus[4]

Campo de concentração	Origem dos prisioneiros	N.º de vítimas
Kulmhof / Chelmno (Prússia Oriental)	Judeus-alemães e poloneses	150.000
Belzec (Polônia)	Judeus e poloneses	200.000
Treblinka (Polônia)	Judeus, poloneses e judeus-macedônios	700.000
Lublin (Polônia)	Judeus, poloneses e judeus-franceses	50.000

---

[4] Um número ainda não totalmente averiguado diz respeito aos prisioneiros que morreram durante as marchas da morte (Totentmarch) que ocorreram nos meses finais da guerra, entre janeiro e abril de 1945. Naquela ocasião, as vítimas, ainda que extremamente debilitadas, pesando de 30 a 45 quilos, para não serem libertadas pelos inimigos dos nazistas, foram obrigadas a marcharem entre 200 a 400 quilômetros, partindo de campos como Flossenburg, Sachsenhausen, Neuengamme, Magdeburg, Mathausen Ravensbrück e campos satélites de Dachau, para outras posições dentro da Alemanha. Como não havia nenhum sistema logístico de amparo, um número espantoso deles morreu pelo caminho (ver Goldhagen Daniel Jonah. *Os carrascos voluntários de Hitler*. São Paulo: Cia. das letras, 1997).

Auschwitz (Polônia)	Judeus húngaros, poloneses, alemães, franceses, holandeses, gregos, eslovacos, belgas, italianos, croatas e noruegueses	1.000.000

Fonte: Hilberg, Raul. *The Destruction of the Europeans Jews*. N, York: Holmes & Schuster, 1985.

Dados:

Estimativa geral de vítimas do holocausto

País	N.º aproximado de vítimas
Alemanha	134.500 – 141.500
Áustria	50.000
Bélgica	20.000
Boêmia/Morávia	78.150
Bulgária	48.000
Eslováquia	68.000 – 71.000
Estônia	1.500 – 2.000
França	77.320
Grécia	60.000 – 67.000
Holanda	100.000
Hungria	300.000 – 569.000
Itália	7.680
Iugoslávia	56.300 – 63.300

Letônia	70.000 – 71.000
Lituânia	140.000 – 143.000
Luxemburgo	1.950
Polônia	2.900.000 – 3.000.000
Romênia	271.000 – 287.000
URSS	1.000.000 – 1.100.000

Fonte: Goldhagen, Daniel J. *Os Carrascos Voluntários de Hitler*. São Paulo: Companhia das Letras, 1997. p. 441.

Mapa dos campos de extermínio (Polônia).

Conclusões

O massacre da população judaica foi um crime de dimensões desconhecidas na história moderna. Uma das mais espantosas constatações foi o fato de ele ter sido perpetrado pelos alemães, povo tido até então como colocado no ápice da civilização e que alimentou gênios como Goethe, Schiller, Kant, Hegel, Schopenhauer, Nietzsche, Haydin, Beethoven, Wagner, etc.

Não se tratou, portanto, de um povo de cavernículas vivendo ainda circundado pelo bestialismo temperado por assassinatos em massa. Até hoje os estudiosos não deram uma resposta definitiva que satisfaça a estupefação causada em grande parte do mundo quando, entre 1944-45, os primeiros campos de concentração foram encontrados e os sobreviventes liberados. Esse enorme enigma ainda paira sobre a humanidade.

Bibliografia

BENBASSA, Esther. *Histoire dês Juifs de France*, Paris: Seuil, 1997.
BETTELHEIM, Bruno. *O Coração Informado*. Rio de Janeiro: Paz e terra, 1988.
BRACHER, Karl Dieter. *La Dictadura Alemana*. Madri: Alianza Editorial, 1973, 2v.
BURRIN, Philipp. *Hitler e os Judeus*. Porto Alegre: L&PM, 1991.
CALIC, Edouard. *O Império de Himmler*. Rio de Janeiro: Editora Expressão e Cultura, 1970.
DAVIDSON, Eugene. *Alemanha no Banco dos Réus*. Rio de Janeiro: Editora Civilização Brasileira, 1970, 2 v.
FEURWERKER, David. *L'Émancipation dês Juifs en France. De l'Ancien Régime à o fin du Second Empire*. Paris: Albin Michel, 1976.
FRIEDLÄNDER, Saul. *Por que el Holocausto?* Barcelona: Gedisa, 1979.
_____. *Nazi Germany and the Jews*. Nova York: HarperCollins, 1997.
GOLDHAGEN, Daniel J. *Os Carrascos Voluntários de Hitler*. São Paulo: Cia. das Letras, 1997.
GREGOIRE, Abbé. *Motion en Faveur des Juifs (1789)*, in Histoire de la laïcité: textes et documents – 1789 Recueil de textes et documents du XVIII me siècle à nos jours. Paris: Ministère de l'Education nationale de la jeunesse et des sports. s/d.
GRUNBERGER, Richard. *A História da SS*. Rio de Janeiro/São Paulo: Editora Record, 1970.
HILBERG, Raul. *The Destruction of the European Jews*. Nova Iorque/Londres: Holmes&Meier, 1985.
HITLER, Adolf. *Minha Luta*. Lisboa. Edições Afrodite, 1976.

KEMPER, Robert. *SS im Kreuzverhor*. Munique: Rutten + Loening Verlag, 1964.
KERSHAW, Ian. *Hitler*. São Paulo: Companhia das Letras, 2010.
KOGON, Eugen. *Sociología de los Campos de Concentración*. Madri: Tecnos, 1965.
KUZNETOV, Anatoli. *Babi Yar*. Rio de Janeiro: Editora Civilização Brasileira, 1969.
LACROIX-RIZ, Annie. *Le Vatican, l'Europe et le Reich de la Première Guerre Mondiale á la Guerre Froide*. Paris: Armand Colin, 1996.
LAQUEUR, Walter. *O Terrível Segredo: A Verdade Sobre a Manipulação de Informações na "Solução Final" de Hitler*. Rio de Janeiro: Zahar Editores, 1981.
LEVI, Primo. *É isso um homem?*Rio de Janeiro: Rocco, 1988.
_____. *A trégua*. São Paulo: Companhia das Letras, 2010.
LEVIN, Nora. *O Holocausto (O extermínio dos judeus na Europa: 1933-1945)*, Porto: Editorial Inova, 1972.
NOLTE, Ernst. *La Guerra Civil Europea, 1917-1945: Nacionalismo y Bolchevismo*. México: Fondo de Cultura Económica, 1994.
POLIAKOV, León. *História do Anti-Semitismo: De Voltaire a Wagner*. São Paulo: Editora Perspectiva.
_____. *A Europa Suicida. A História do Antissemitismo*. São Paulo: Editora perspectiva, 1985.
_____. *O Mito Ariano. Ensaio Sobre as Fontes do Racismo e dos Nacionalismos*. São Paulo: Editora Perspectiva, 1974.
SCHIRER, William. *Ascensão e Queda do III Reich*. Rio de Janeiro: Editora Civilização Brasileira, 4 vols., 5.ed., 1967.
SORLIN, Pierre. *O Anti-Semitismo Alemão*. São Paulo: Editora Perspectiva, 1974.
SZAJKOWSKI, Zosa. *Jews and the French Revolutions of 1789, 1830 and 1848*. New York: Ktav Publishing House, 1970.